**翟　勇**

1965年　出生于安徽芜湖

1988年　毕业于安徽师范大学艺术系

1994年　毕业于中央美术学院油画研修班

现　任　安徽师范大学美术学院院长、教授、硕士生导师

华东理工大学设计与传媒学院教授

安徽省水彩画艺术委员会副主任

安徽省油画学会常务理事

多篇学术论文发表于国家核心期刊，多幅作品入选国家级美展并获奖，部分作品被国内外收藏机构、藏家收藏。

# 水粉画训练琐谈

水粉画，是一种使用工具简便，应用范围广泛的画种。它以水调和含胶的粉质颜料绘制而成，有着相当悠久的历史。如古埃及的墓室壁画，我国近年出土的战国时期楚国的帛画和马王堆的汉帛画，以及敦煌壁画、历代的工笔重彩、民间年画、印度和波斯的工笔画等等，都是采用胶水和粉质颜料绘制的。水粉画在世界各国的绘画史上占有重要的位置。

当今人们对水粉画的理解是：用水调和含胶质的粉质颜料，以明暗和色彩对比的手法来描绘对象，讲究色彩的层次、虚实和冷暖变化，注意自然光色的真实表现的一种绘画形式。它的技法基本上属于西洋画体系。由于水粉画用水作为调和剂，可以渲染、渗化，因而能产生透明、润泽、轻快而流畅的效果；又由于粉质颜料具有相当强的覆盖能力，所以可以利用水分而又不依赖水分，可以湿画、薄画，又可以干画、厚画，在表现方法上有很大的灵活性，可任意在深底子上加浅色，或者在浅底子上加深色，也可作大面积渲染或小面积细化，甚至可以把一幅濒于失败的画挽救回来。其表现手法有两种类型：一种是传统的写实手法；一种是带装饰性的，比较抽象的手法。前者强调对客观对象的形体结构、色彩、质感、空间感以及虚实关系的真实表现，有利于我们加深对形体结构、色彩关系等规律的理解，有利于培养我们敏锐的色彩感觉能力和观察能力；后者要求在理解的基础上更注意作者的主观意识，进行夸张、变形和省略，使作品具有一定的抽象性。

一般来说，在学习水粉画时，应从学习观察分析与塑造方法、研习水粉画技法及写生训练三方面入手。水粉画应同西画传统的观察分析与塑造方法一样，是通过对写生对象体面关系的分析来表现其明暗、色彩、体积和空间感。任何物体明暗、色彩的变化都是由光照引起的，由于组成物体的各个块面对于光源的方向、距离不同，就会产生微妙而复杂的色彩和明暗变化，直接迎光的面为亮面，相反为暗面，侧面迎光为灰面，暗部有反光和投影，亮部有高光等，从而构成物体因受光而产生的“三大面五大调子”。明暗的变化又形成复杂的冷暖调变化，这是西画中概括和塑造形体的基本方法。按照这种方法，如画人物头发时就不必一根一根地画，而应着眼于分析和塑造整个头部的体面关系，仅在明暗转折或边缘上作一些具体交代即可。在生活中，几乎任何能为肉眼所见的物体都具有一定的体积，因而也都可以用这种方法处理。同时水粉画的用笔也是要根据对象的体面关系，通过笔触运行的趋向来加强物体的体积感，尤其在深入阶段，如果用笔得法，即使在色阶上未能融合，笔触比较明显，在一定范围内也可以统一，而且有一定的画意，可以形成笔调上一定的节奏感和韵律感；如果用笔不得法，在画面上“磨磨蹭蹭”，画得过腻，虽然笔触和色阶是融合的，但实际上可能没有什么画意，缺乏艺术感染力。在作画过程中，要从大处着眼，使物体各个面的形状、大小和比例都比较准确，对每个面的几个边缘都有所交代，对于光源处于同一方向的各个面，其色调应基本接近，要注意轮廓线环境色的影响和色彩的微妙变化。徐悲鸿先生所说：“宁方勿圆”，就是说在作画时宁可把各个面的转折画得肯定一些，也不要摸棱两可，这一点对初学者来说极为重要。

在技法方面，水粉画笔绝大多数为平头，这种平头笔很适合于用块面的方法来塑造形体，其使用方法多以摆、贴为主，辅以拖、扫、擦、揉，还有点、线、洗等。水粉画在作画中比较难掌握的是颜色上去以后的“干湿反应”所带来的困难，可以采取以下的办法：尽量少用水，通过实践大体上摸清“干湿反应”的规律，同时尽量保持画面的湿润，在画面未干的情况下作画。因此作画前首先要了解纸的吸水性能。第一遍着色宜薄，以后覆盖上去的颜色宜水少色

安徽师范大学　　翟　勇

厚，加色时注意底色的色调，用笔的着力程度宜轻。具体技法大致有四种，即干画法、湿画法、干湿画法和刀画法。绘画的技法是为表现对象服务的，为了达到一定的效果，应当充分发挥水粉画材料和工具的各种特长。

学习水粉画，开始可以先画一些单色水粉，以便集中把握水粉画工具、材料的性能和画面中物象的塑造方法，然后再进入色彩塑造，解决色彩表现问题。在写生时应分四步进行：一是起稿，一般先用铅笔打轮廓，定位置，然后再用群青或熟褐定稿；二是铺色，在已经画好的稿子上把对象的主体、背景、明暗部等方面的色彩关系大致摆出来；三是具体刻画，这一步工作是前两步的继续和深入，要使每一笔、每一个色块都能统一在第二步既定的色彩结构之中；四是统一调整，在整个作画过程中，不论是铺大调子，还是深入刻画，都应有一个整体观念，在深入阶段，一般总是局部地进行，因而在画面大致完成后，还应回过头来从整体上加以统一调整。这四个步骤有内在的联系，不应截然分开。

以上是一些水粉画训练的基本规律，随着现代绘画和绘画材料的发展与更新，表现手法日趋丰富多样。各个画种的风貌、特色在不断变化和发展，水粉画也是这样，因此在学习时既要掌握基本技法，又要进行有益的尝试和探索，逐步掌握水粉画训练的基本知识。

安徽师范大学　翟　勇

安徽师范大学　　翟　勇

安徽师范大学 翟 勇

安徽师范大学 翟 勇

安徽师范大学 翟勇

安徽师范大学　　翟　勇

**詹学军**

1965年　出生于青海西宁

1994年　毕业于安徽师范大学美术系

现　任　安徽师范大学美术学院教授、硕士生导师

中国室内建筑师协会会员

中国油画学会会员

安徽工业设计学会常务理事

安徽包装设计学会常务理事

多篇学术论文发表于国家核心期刊，多幅作品入选国家级美展并获奖，部分作品被海内外私人收藏。

# 关于色彩教学的几点思考

色彩是造型艺术中十分重要而富有魅力的视觉语言，一个人在观察或欣赏一幅作品时，往往会先看其色彩，色彩的视觉冲击力远远超过造型艺术的其他手段。在今天的艺术院校中，色彩写生已成为了一个很重要的教学科目，是美术专业教学的重要组成部分，它对培养学生在色彩的审美修养、造型能力和创造能力等方面都具有十分重要的意义。多年的教学实践，让我对色彩教学有了一些自己的理解，也积累了一些想法。下面从"理解、观察、表现"三个方面谈谈自己在教学中的一些体会。

重理解，掌握客观物象的色彩规律。

正确地理解和掌握客观物象的色彩规律，是学习色彩的关键。要想准确地表现对象的色彩关系，更好地认识和使用色彩，必须要使学生理解大自然中色彩产生的原因，做到"知其所以然"，让学生认识五彩缤纷的色彩都是光反射的结果，光是色彩产生的源泉，没有光线就没有色彩的道理。理解客观物体对光既能反射又能吸收；不同物体反射和吸收的色光不同，所呈现出的色彩也就各异，白色和黑色物体，是由于物体对光全部反射和吸收的结果。同时还要让学生明确光的特性是能传播、能反射、能折射。理解了"光"和"色"之间的关系，就为进一步观察色彩、研究色彩奠定了基础。

重观察，掌握正确的观察方法和表现方法。

色彩写生训练实际是一种正确观察色彩的方法训练。它是从客观真实的角度来观察、分析和再现色彩关系。它不仅仅研究物体的固有色，而且是整体的表现物体在光线照射下的所有色彩关系。把物体的固有色、光源色、环境色作为一个不可分割的整体来研究、表现。启发引导学生正确的观察色彩的变化，使学生了解：单独的孤立的色彩是不存在的，他们是相互作用的。色彩写生训练不仅要强化色彩意识，还要引导学生重整体观察，养成整体表现的习惯。让学生认识到整体表现关系到一幅色彩作业的成败，色彩写生中局部与局部、局部与整体的关系非常重要，整体观察方法掌握得是否恰当直接影响作品的质量。那么如何才能够整体观察？简单地说就是靠比较的方法观察，比较色彩之间的深浅明度关系，比较色彩之间的纯度关系，比较色彩之间的冷暖关系。因此，教师在向学生传授技法时，更要重视引导学生学会正确观察物象的方法。学生能否把所要刻画的物象整体地控制在自己的视域之内，在处理局部时能否考虑到整体，是教师在教学中需要不断提

示和强调的重点。

色调几乎决定了一幅色彩画的成败，而学生在色彩写生的过程中，往往忽略色调与色彩关系的把握，缺少整体观察。所谓色调是指画幅给人总的色彩感觉，大的色彩效果，绘画中色彩所构成的总的色调倾向。物象呈现的色调，反映了光源色的特点，色调是色光的产物，即不同的色光产生不同的色调。色彩写生中的色调不是主观臆造的，而是客观存在的。色调的形成与光的照射、环境色的互相映衬及空气的笼罩等因素有关。其中光源色影响最大：光源色如果冷暖明确，色调服从光源色；同时，大面积物象的色相在某种程度上也起到决定色调的作用；另外还有逆光和背光两种情况，色调也应随之相应变化，这些均视具体情况而定。那么如何正确地把握和运用色调，其中应注意两点：① 看准色相、冷暖、纯度定色调。色调统领全局，它直接影响全局，执笔定调之前应胸有成竹。② 色调的统一。同一色调中各个局部色彩必须统一于这一基调之中，不能花不能乱。几种色调之间应有主次，并和谐统一于整体色调之中。对比中统一，统一中见对比。面对一组色彩写生的静物，可以先指导学生用大色块摆明写生对象的主体色调，同时对照写生对象进行一至多副的色彩变调训练，以此来提高学生掌控画面色调关系的能力。

重表现，引导学生敢于表现。

毕加索说过："我不是模仿自然，而是面临自然并利用自然"。可以说，表现是学习色彩的最终目的，色彩是绘画者精神境界最朴素、最直接的表达方式，画家通过对色彩现象的体验和理解，将色彩作为一种"语言"来传达自己的情感。也就是说，画家能够用颜料在画面上作各种色彩的组合对比关系，并作用于观者的视觉，引起情绪的波动，在精神上体验到一种美感。色彩写生课作为学生学习色彩的基础课，是学生进入色彩世界的开端，这个课程的教学任务，除了教会学生认识色彩的基本规律和运用色彩表达对象的技能外，更重要的还应该让他们学会用心灵来体验色彩的颤动，用自己的感觉体会光色交融的色彩世界，从而发出色彩表现的激情。因此，色彩教学应当鼓励学生发挥个人的聪明才智和创造力，培养和树立其自身感受的信念与信心，努力破除单一的技巧模式。色彩教学不能仅仅拘泥于色彩的理解与表现的技法娴熟，更主要的是建立新的审美价值取向以及对传统教学观念的挑战。引导学生不但不能做自然的奴隶，物象的镜子，而且要主动、积极地去表现对象，这样才能学好色彩。

安徽师范大学　詹学军

安徽师范大学　　詹学军

安徽师范大学　　詹学军

**贺　靖**

1965年　出生于安徽芜湖

1989年　毕业于安徽师范大学美术系

　　　　安徽师范大学美术学院硕士

1995年　中央美术学院助教研修班进修

现　任　安徽师范大学美术学院副教授

　　　　中国美术家协会会员

　　　　中国油画学会团体会员

多篇学术论文发表于国家核心期刊，多幅作品入选国家级美展并获奖。

# 水粉画静物写生

一、水粉静物写生课程的重要性

水粉画静物写生课程是美术院校专业基础教学的重要内容。水粉静物写生通常选择在室内比较稳定的光线下，将一些经过组合的不同造型、色彩及质地的静物，用水粉画的形式表现出来。不仅要求我们表现出物体色彩变化，而且要表现出物体的形体结构、空间层次、质感和量感，同时，还要表现出一组静物内在的节奏美感和生动性。水粉画具有操作简单、表现力较强等特点，画得比较厚时，有浑厚、凝重的感觉，近似于油画的表现技法；画得薄时，又有透明和润泽感。水粉画技法的训练课程可以为学生今后从事油画创作、工艺设计、国画和版画等等其他不同种类的艺术打下良好的基础。

二、课程的任务

① 将理论知识和课堂实践紧密地结合起来，并注重培养正确的观察方法和表现方法。

② 学习掌握水粉画写生的一些具体表现方法，如画面色调的设置，质感和空间层次的表现等。

③ 研究色彩规律，提高色彩造型能力和表现力，结合研究优秀作品，拓宽艺术视野，提高个人审美能力。

三、光线和静物的摆放

水粉静物写生训练通常采用侧面受光，将物体明确分为亮部和暗部，物体亮暗对比较大，中间的转折也很丰富。这样的光线使物体层次分明，节奏感强，体积、空间也更加丰富。

我们在摆放静物时，要注意突出物体素描和色彩上的黑白灰关系。有时用深色的衬布和较浅色的静物组合；有时用浅色的衬布衬托出深色的静物；有时又根据色调训练的需要，用邻近色组成一组静物，如黄绿、蓝紫等等。总之，要视训练的阶段而定，一开始可以简单一点，要由简入繁，待到有一定素描和色彩基础时，就可以把色彩布置得更加丰富一点，静物的造型亦可复杂一点，总之是循序渐进。

四、构图和基本造型

我们在进行水粉静物画写生构图时，要把表现对象（一组静物）当作一个整体来处理。通常放置好的一组静物，在整体构架上呈三角形、圆形、方形等等，因此，我们可以把一组静物当作一个“整体生命”来处理。这就要求我们在构图时，要注意到这些内在的联系，在整体的基础上，还要注意找出其中的变化，注意层次、虚实关系，让整个构图在整体中富有变化，不能松松散散。总之，构图是一门需要不断研究的学问，积累得越多进步越快。

首先，在造型时我们要注意形的准确性。如罐子、酒瓶、酒杯这些物体的两边是否对称？如不准确，起稿时可以用铅笔在其中间部分轻轻画出一个十字辅助线，然后两边相等就对称了。其次，要注意透视关系，比如视点较高、较低和平视时静物的透视关系就会有很大变化，这是我们一定要注意的。衬布的作用亦很重要，衬布不仅能够体现出物体的前景和背景的关系，而且衬布的皱褶还是静物之间联系穿插的纽带，这些都是我们在构图和基本造型中应该特别引起注意的。

五、水粉静物写生的方法和步骤

① 作画前，我们首先应对整组静物的构图、素描上的黑白灰关系以及色彩关系要有一个总体的、全面的认识。通常构图可能要稍微往上一点为好，这样，静物中最精彩的部分就处在了画面的中心位置，如果没把握，可以先画出几个小的色彩稿，或是一张单色画，这样，在正式下笔之前就可以做到心中有数了。

② 用较软的铅笔在画面上轻轻地开始起稿，用简单的铅笔线条画出大体的素描关系，然后，用熟褐、翠绿或群青等较深的颜色将基本构图确定下来。

③ 以自己的感觉或小色稿上的色彩关系为基础，用尽可能准确的、贴近对象的颜色，将画面很快铺满。当铺第一遍颜色时，最好用较大号的笔，大块大块地画，要准确生动地将你当时的新鲜感受表现出来。要概括地处理画面，不要将眼睛只盯在细节上，这样才能把握好大的色彩关系。注意水粉画写生的作画过程上要我们去“塑造”而不是去“描”。待颜色干后，在此基础上再用较厚的颜色进行深入刻画。

④ 深入时，一般先从最重物体的颜色开始塑造，然后是中间色，亮色和白色的物体一般在第一遍时应当已经基本完成或放在最后一遍完成，不然就会因为反复次数太多，亮色容易发“灰”，白色容易变“粉”。由于衬布在其中起较大作用，故要注意静物的暗部受其的反光。第一、二遍画大体关系时是从“整体到局部”，深入时是从“局部到整体”。这就要求我们对第一、二阶段中没有完成的部分进行局部的、具体的塑造。比如说画面中的釉罐除了要表现出颜色的变化外，又要注意形体的厚度；蔬菜本身颜色不多，但吸收了周围物体的颜色；画勺子、刀子时用笔要讲究力度，要画得

"挺"。要注意色彩之间的"微差",比如说白衬布的"白"和白菜、盘子物体的高光的"白"之间的变化,画过渡面时要注意"趁湿接色",这样,就会处理得比较"润"。亮部的颜色饱和度要高一点,"实"一点;暗部颜色受环境色影响,应处理得含蓄一点。总之,要构图适当,造型准确,物体的前后关系变化错落有致;使整个画面表现出生动活泼的效果,具有一种很强的节奏感和韵律感。

六、质感问题

通常,我们用来组合水粉静物写生的物体都有不同质地,要想把对象表现得真实,不仅要造型、结构准确,还要表现出其不同的质感来。根据不同质感可以将静物分为以下几种类型:

① 衬布。

衬布的塑造和颜色对画面的色彩关系有至关重要的影响,故一定要好好把握。厚布、呢绒,先薄薄地画上一遍,等其半干时,用较重的颜色画暗部,然后再依次画一遍,注意其粗、亚光、厚重的效果;画细布时,用笔用线要长、挺,表明其薄而轻巧的质感,尤其是丝绸更要表现得轻快而富有变化。

② 陶罐、瓷器。

陶罐通常在画面上是一块"重色"。它往往是颜色较深而质地粗糙的,有时因为涂釉等原因而质地细腻近似瓷器。在塑造粗糙的罐子时要注意加强其块面的感觉,高光的颜色要有变化,不能一味只用白色。表面涂釉的罐子和瓷器等要注意周围物体光线对其的影响,而且反光多、高光很亮。具体塑造时可以用较宽的笔,分出亮部和暗布,注意颜色的冷暖变化,并趁湿衔接中间的颜色。画时既要注意环境色也要兼顾其固有色,有时颜料画得"薄"也可以达到很透明的效果,从而表现出质感和生动感。

③ 水果和蔬菜。

画水果时尤其要注意其色彩关系,要画得"滋润"。暗部透明,亮部色彩饱和,中间的过渡色要衔接好。质感上要追求生动、新鲜的感觉,给人有"食欲"之感;蔬菜类如大白菜,首先要找准色彩关系,然后根据其色彩分面,最后在保持其整体的基础上画出细节。

④ 玻璃器皿。

玻璃器皿质地细、脆、透明,可以和背景连在一起画,要找准色彩关系,再画上最重的部分。酒瓶之类的可以画上商标,并要注意商标和酒瓶的透视关系,然后点上高光。画酒杯时,里面果汁鲜艳的颜色要注意其饱和度,暗部要透明,可以用握笔较低的办法,用"扫"或"贴"的用笔方法,就可以较好地表现出其质感。

⑤ 金属器皿:刀叉、勺子等。

画上述物体时,首先要用较细的笔或较大的笔的侧面来定好形,塑造这类静物时用笔要干脆、挺,对比强,并注意周围物体颜色对其中部分颜色的影响,切记用笔反复拖来拖去,否则容易画得比较"烂"。

⑥ 盘子。

盘子的塑造是在基本造型准确的基础上,相对概括一些,这样和周围的物体就能够保持有松有紧、错落有致的感觉,前后和主次关系就能够变得较为明显了。

七、水粉花卉静物写生

水粉花卉静物写生,较普通的静物写生来说难度稍微大一点,这就要求我们更加注重整体关系。首先,我们应该将整束的花当作一个整体来处理,用"分面"的方法加以概括,对于一簇一簇的花要采取分组处理的方法,在此基础上找出主次、黑白灰关系,切忌一枝一叶的描绘。

表现插在玻璃花瓶中一束不同颜色的花束时,可以在掌握好整体的基础上,将暗部处理得透明而富有变化,亮部则可以画得强烈,明亮。用笔要注意轻松,玻璃花瓶的质感要塑造得"挺",用笔要干净利落,衬布要做到虚实有致,使画面具有生动活泼、色彩明丽的效果。

安徽师范大学　　贺　靖

安徽师范大学　　贺　靖

安徽师范大学　　贺　靖

## 叶　勇

1965年　出生于安徽广德
1994年　毕业于安徽师范大学美术系
1997年　安徽师范大学美术系硕士研究生毕业
1998年　天津美术学院宾卡斯绘画材料研究班结业
2007年　中央美术学院材料艺术工作室访问学者
现　任　安徽师范大学美术学院副教授

多篇学术论文发表于国家核心期刊，多幅作品入选国家级美展并获奖。

# 色彩静物写生

色彩静物写生是色彩训练最基本的手段。大千世界绚丽多彩，为了让画面散发光彩，显现出色彩的魅力，就要求我们了解色彩的规律，运用色彩的规律来更好地表现客观世界。人们能感知色彩，是由于眼睛接受了物体反射的色光。不同的物体对色光有不同的反射作用。与形体相比，色彩是不稳定的，它因光线的变化、周围环境的变化而变化，这就要求我们依靠色彩变化的原理和自身的色彩感觉来捕捉色彩。

在作画前，要将静物之间的各种关系进行整体观察分析，把握局部与整体的相互关系，这是惟一正确的观察方法，也是学习绘画必须培养的基本习惯。要从色彩诸因素的相互联系中观察色彩。从整体着眼，相互联系、相互比较地进行观察，色彩的审美性、色调的倾向性、色彩的表现力才能产生。

孤立地局部观察是初学者易犯的毛病。初学者作画，往往是看一眼画一笔，缺乏整体观察意识。所以为了培养正确的整体观察方法，观察时，要把物体受光部的亮部色调和物体背光部与投影的暗部色调一起看。整体地处理画面的色彩关系，是学习色彩必须掌握的技能。

掌握色彩的冷暖关系是很重要的，作画时要肯定色彩的倾向，对色彩的冷暖关系不能含糊。在摸索色彩的变化过程中，要注意色彩的大块区别，否则一味追求色彩的小变化，只会给人眼花的感觉，反而见不到合乎自然的色彩变化。画家的色彩概念是区别于平常人的，它包涵两层意思：一是自然物体所固有的丰富色彩给画家的感觉；二是画家在画面上对这样感觉的主观表现。后一种含意主要体现在具体的作画过程中，并有一定规律可循。要表现出合乎自然，合乎规律的色彩只有放在画面中进行比较，找出其关系，才能真正实现。

作画时要着力捕捉画面中的色调，色调是一幅画的色彩基本倾向。画中的一切色彩因素都应该服从于画面的色调，以达到色彩的和谐之美。如果一幅画没有色调，就会在颜色上出现脏、乱、灰、碎的现象，导致画面琐碎。色调从色性上可分为冷色调、暖色调，从色度上可分为亮色调、灰色调和暗色调。在写生过程中首先要确定所描绘对象的色彩倾向，定下基本色调，画面中所有的色块尽量往基本色调上靠，使这一块色彩符合整体色彩。绘画中的色调犹如音乐中的音调，和谐的音调给人美的感受，而如果其中的一个音走了调就会使人感到刺耳不协调。绘画亦是如此，个别色彩跑离整个色调而跳出来，便会使人感到刺目，不舒服，因为它破坏了画面的整体与统一。

色彩静物写生是训练我们如何去看，如何去画，这将有效地提高我们的色彩观察能力和色彩塑造能力，为将来专业绘画学习打下扎实的基础。

安徽师范大学　叶　勇

安徽师范大学　　叶　勇

安徽师范大学　　叶　勇

安徽师范大学　叶　勇

**花　永**

1969年　出生于安徽颍上

1992年　毕业于安徽师范大学美术系

1997年　中国美术学院油画进修班结业

2005年　获安徽师范大学美术学硕士学位

现　任　安徽师范大学美术学院副教授

多篇学术论文发表于国家核心期刊，多幅作品入选国家级美展并获奖。

# 水粉静物写生感悟

水粉画作为色彩训练的入门画种，是习画者最基本的学习内容之一。结合本人二十年来对水粉画的研究及在高校从事水粉画教学的实践经验，从中归纳、整理出水粉画学习的三个必由阶段。（这里以水粉静物写生为例）

一、基本能力训练阶段

大凡习画者进行到色彩学习的阶段，想必已经在素描基础训练上取得了一定的认识和经验，基本的构图、塑造、透视、空间感的把握这里就不再赘述。水粉静物写生首先要从对材料的熟悉开始，水粉色是一种可溶于水的绘画材料，具有薄厚均可、反复修改、覆盖力较强的特点，因此操作上较方便。写生训练前，作一定量的临摹尝试是不可缺少的步骤，这个过程主要认识和领会画面整体色调关系的重要性，简便的方法是始终让画面70%的面积处以同一色域或相近色域，而另外30%面积起到对比、互补和跳跃的作用，这样就能使画面达到和谐而又富于变化的整体性要求。写生训练初期，一定要坚持用铅笔打形，这样便于修改，如果上来就用色彩打形，因学习者尚处于初始阶段，一旦需改动画面就会混乱不堪，进行下去就会非常不顺手。整体设色的时候要遵循这样几条原则：①由深至浅；②由后至前；③由大至小；④由薄至厚。大体色调完成后，应以主体物为重点逐次展开塑造，虚实关系与素描静物画大致相同，色彩关系应以前面物体纯度较高，逐次向后纯度降低；同时还应注意，画面受背光的冷暖色变化，一般亮部偏暖时，暗部就要辅以冷色搭配，反之亦然。画面接近完成时应注意观察整理，针对上述原则认真修改、完善。另外，水粉画的难点在于暗部不宜反复修改，遍数一多就会显得“脏”、“死”和不透明，而亮部适宜多画几遍，这样显得刻画充分富于层次感，但每次重复时，应以底层色彩已干或半干为好。

总之，这个阶段只要勤于动手，遵循原则，再加上实践中积累经验，就会很快掌握水粉画的基本绘画规律。

二、技法运用阶段

我们通常说绘画要运用一定的技巧，所谓“技巧”就是技法的多样性和灵活应用。因此一幅好的水粉静物写生画与技法的合理运用是分不开的，这里介绍几种常用的写生技法：①传统法：比较注重水和粉的运用，是干湿、厚薄、虚实相结合的表现技法。这种手法调色稀稠适当，以能覆盖下层颜色为宜，一般对处于后面次要部位、重色的物体以及物体的暗部多画得湿而薄，趁色层未干时一气呵成，画出物体的形色变化，这种手法笔触衔接自然，物体柔和而含蓄，而对表现质感较重的物体以及物体受光部分则画得干、厚一些，即在较干的色层上用调得较稠的颜色靠生动、跳跃的笔触塑造形体，使物体显得厚重而坚实。这种技法虽中庸一点，但如运用熟练合理，画面就会形成讲究而张弛有度的较好效果。②薄画法：就是借用水彩画的表现技巧，要控制好水与色的润染效果，由浅及深逐步设色，此画法用笔流畅，色彩透明滋润，给人一种隐约、深远、轻快洒脱的感觉。但缺陷是不宜修改，操作难度较大，需长期实践积累经验，方能得心应手。③厚画法：作画时调色用水很少或基本不用水，应选择笔毛较硬的画笔，甚至可用油画刀或其它硬器，笔触肯定坚实，它是用肯定的递增或递减色阶衔接表现物体的，并有形体结实，结构清晰，色彩丰富的特点，画面给人一种类似油画的浑厚凝重的感觉。但值得注意的是，由于受限于水粉画色干得较快的特性，易出现画面干涩缺少润味的弊端。

综上，每种技法都有它独特的表现优势，但同时也存在某些缺陷，习画者只有在学习中善于思考、灵活运用，才能达到让技法的各种手段始终服务于画面的良好效果。

三、格调升华阶段

每种艺术发展到高级阶段，必然要追求更高的“品位”，也可说是一种格调。水粉静物写生所描绘的对象虽然相对简单，但在艺术学习的循序渐进中，高起点和高眼光毕竟是一件好事。格调档次的提高，首先要从科学的观察方法做起，不必过分在意每个物体固有的物理属性，而应把它们纳入整体规划的需求，即整体和谐是第一位的，局布刻画的精彩只是整体完美的点睛之笔。其次要多尝试和研究构图的独特方式，比如多运用光的来源角度、多运用透视的非常规状态、多运用非对称布局等等，其目的就是打破常规，获得独特的“意味形式”，毕竟一幅好的写生作品其构图的新颖，也是能抓住观众眼球的重要条件。最后就是要创造主观想象的画面色调，这个层面难度最大，建议多研究大师作品中所传达的信息，同时应更敏感地去观察、捕捉生活中那些最生动、最微妙的色彩关系，从中获得规律并掌握它们，以期达到使客观物体表现出情感化、意图化，提高自己支配和驾驭色彩的能力。

当然，这个阶段是需要习画者通过长期艰苦的学习实践，才能达到的境界。而这正是艺术学习魅力所在，相信随着艺坛耕耘不断收获、感悟的同时，必能促使人生体验的完美升华。

安徽[illegible]学　花　永

安徽师范大学　　花　永

安徽师范大学　　花　永

安徽师范大学　花　永

安徽师范大学　　胡祥龙

安徽师范大学　　胡祥龙

安徽师范大学　　胡祥龙

安徽师范大学　　汪荣强

安徽师范大学　　汪荣强

安徽师范大学　　汪荣强

安徽师范大学　　刘玉龙

安徽师范大学　　刘玉龙

安徽师范大学　　李　晖

丁　瑶（学生）

杨梓照 （学生）

丁 瑶 （学生）

安徽师范大学　鹿少君

安徽师范大学　周　群

潘　越（学生）

苗亚男　（学生）

安徽工程大学　　王愿石

安徽师范大学　　王　霖

安徽师范大学　　裘　凤

张祥斌　（学生）

安徽工程大学　孟梅林

安徽工程大学　孟梅林

芮凯旋 （学生）

王琳琳 （学生）

巢湖学院　李　勇

巢湖学院　李　勇

刘广召 （学生）

刘广召 （学生）

巢湖学院　　李　勇

俞　晓

巢湖学院 王驰

巢湖学院　孔　慧

巢湖学院　孔　慧

姚　静（学生）

姚　静（学生）

巢湖学院　　赵关键

巢湖学院　　赵关键

潘　越（学生）

陈书敏（学生）

邓 强 （学生）